TRANZLATY
El idioma es para todos
Dil herkes içindir

La Bella y la Bestia

Güzel ve Çirkin

Gabrielle-Suzanne Barbot de Villeneuve

Español / Türkçe

Copyright © 2025 Tranzlaty
All rights reserved
Published by Tranzlaty
ISBN: 978-1-80572-100-0
Original text by Gabrielle-Suzanne Barbot de Villeneuve
La Belle et la Bête
First published in French in 1740
Taken from The Blue Fairy Book (Andrew Lang)
Illustration by Walter Crane
www.tranzlaty.com

Había una vez un rico comerciante
Bir zamanlar zengin bir tüccar varmış
Este rico comerciante tuvo seis hijos.
Bu zengin tüccarın altı çocuğu vardı
Tenía tres hijos y tres hijas.
üç oğlu ve üç kızı vardı
No escatimó en gastos para su educación
onların eğitimi için hiçbir masraftan kaçınmadı
Porque era un hombre sensato
çünkü o mantıklı bir adamdı
pero dio a sus hijos muchos siervos
ama çocuklarına birçok hizmetçi verdi
Sus hijas eran extremadamente bonitas
kızları son derece güzeldi
Y su hija menor era especialmente bonita.
ve en küçük kızı özellikle güzeldi
Desde niña ya admiraban su belleza
çocukluğundan beri güzelliği hayranlık uyandırıyordu
y la gente la llamaba por su belleza
ve insanlar onu güzelliğiyle çağırıyordu
Su belleza no se desvaneció a medida que envejecía.
Yaşlandıkça güzelliği solmadı
Así que la gente seguía llamándola por su belleza.
bu yüzden insanlar ona güzelliğiyle seslenmeye devam ettiler
Esto puso muy celosas a sus hermanas.
bu kız kardeşlerini çok kıskandırdı
Las dos hijas mayores tenían mucho orgullo.
en büyük iki kız çok gururluydu
Su riqueza era la fuente de su orgullo.
zenginlikleri gururlarının kaynağıydı
y tampoco ocultaron su orgullo
ve gururlarını da gizlemediler
No visitaron a las hijas de otros comerciantes.
diğer tüccarların kızlarını ziyaret etmediler

Porque sólo se encuentran con la aristocracia.
çünkü onlar sadece aristokrasiyle buluşuyorlar
Salían todos los días a fiestas.
her gün partilere gidiyorlardı
bailes, obras de teatro, conciertos, etc.
balolar, oyunlar, konserler vb.
y se rieron de su hermana menor
ve en küçük kız kardeşlerine güldüler
Porque pasaba la mayor parte del tiempo leyendo
çünkü zamanının çoğunu okuyarak geçiriyordu
Era bien sabido que eran ricos
zengin oldukları biliniyordu
Así que varios comerciantes eminentes pidieron su mano.
Böylece birkaç seçkin tüccar onların elini istedi
pero dijeron que no se iban a casar
ama evlenmeyeceklerini söylediler
Pero estaban dispuestos a hacer algunas excepciones.
ancak bazı istisnalar yapmaya hazırdılar
"Quizás podría casarme con un duque"
"belki bir Dük ile evlenebilirim"
"Supongo que podría casarme con un conde"
"Sanırım bir Kontla evlenebilirim"
Bella agradeció muy civilizadamente a quienes le propusieron matrimonio.
güzellik kendisine evlenme teklif edenlere çok medeni bir şekilde teşekkür etti
Ella les dijo que todavía era demasiado joven para casarse.
onlara evlenmek için hala çok genç olduğunu söyledi
Ella quería quedarse unos años más con su padre.
Babasıyla birkaç yıl daha kalmak istiyordu
De repente el comerciante perdió su fortuna.
Tüccar birdenbire servetini kaybetti
Lo perdió todo excepto una pequeña casa de campo.
küçük bir kır evi dışında her şeyini kaybetti

Y con lágrimas en los ojos les dijo a sus hijos:
ve çocuklarına gözyaşları içinde şöyle dedi:
"Tenemos que ir al campo"
"Kırsal alana gitmeliyiz"
"y debemos trabajar para vivir"
"ve geçimimizi sağlamak için çalışmalıyız"
Las dos hijas mayores no querían abandonar el pueblo.
iki büyük kız kasabadan ayrılmak istemiyordu
Tenían varios amantes en la ciudad.
şehirde birkaç sevgilileri vardı
y estaban seguros de que uno de sus amantes se casaría con ellos
ve sevgililerinden birinin onlarla evleneceğinden emindiler
Pensaban que sus amantes se casarían con ellos incluso sin fortuna.
Hiçbir servetleri olmasa bile sevgililerinin kendileriyle evleneceğini düşünüyorlardı
Pero las buenas damas estaban equivocadas.
ama iyi hanımlar yanılmıştı
Sus amantes los abandonaron muy rápidamente
sevgilileri onları çok çabuk terk etti
porque ya no tenían fortuna
çünkü artık servetleri kalmamıştı
Esto demostró que en realidad no eran muy queridos.
bu aslında pek sevilmediklerini gösterdi
Todos dijeron que no merecían compasión.
herkes acınmayı hak etmediğini söyledi
"**Nos alegra ver su orgullo humillado**"
"gururlarının kırıldığını görmekten mutluluk duyuyoruz"
"**Que se sientan orgullosos de ordeñar vacas**"
"İnek sağmaktan gurur duysunlar"
Pero estaban preocupados por Bella.
ama onlar güzellikle ilgileniyorlardı
Ella era una criatura tan dulce
o çok tatlı bir yaratıktı

Ella hablaba tan amablemente a la gente pobre.
o fakir insanlara çok nazik konuşuyordu
Y ella era de una naturaleza tan inocente.
ve o kadar masum bir yapıya sahipti ki
Varios caballeros se habrían casado con ella.
Birkaç beyefendi onunla evlenebilirdi
Se habrían casado con ella aunque fuera pobre
fakir olmasına rağmen onunla evlenirlerdi
pero ella les dijo que no podía casarlos
ama onlara evlenemeyeceğini söyledi
porque ella no dejaría a su padre
çünkü babasını terk etmeyecekti
Ella estaba decidida a ir con él al campo.
onunla kırsala gitmeye kararlıydı
para que ella pudiera consolarlo y ayudarlo
böylece onu rahatlatabilir ve ona yardım edebilirdi
La pobre belleza estaba muy triste al principio.
Zavallı güzellik ilk başta çok üzüldü
Ella estaba afligida por la pérdida de su fortuna.
servetini kaybetmenin acısını yaşıyordu
"Pero llorar no cambiará mi suerte"
"ama ağlamak benim kaderimi değiştirmeyecek"
"Debo intentar ser feliz sin riquezas"
"Zenginlik olmadan kendimi mutlu etmeye çalışmalıyım"
Llegaron a su casa de campo
kır evlerine geldiler
y el comerciante y sus tres hijos se dedicaron a la agricultura
ve tüccar ve üç oğlu kendilerini çiftçiliğe adadılar
Bella se levantó a las cuatro de la mañana.
güzellik sabahın dördünde yükseldi
y se apresuró a limpiar la casa
ve evi temizlemek için acele etti
y se aseguró de que la cena estuviera lista
ve akşam yemeğinin hazır olduğundan emin oldu

Al principio encontró su nueva vida muy difícil.
Başlangıçta yeni hayatının çok zor olduğunu gördü
porque no estaba acostumbrada a ese tipo de trabajo
çünkü o böyle bir işe alışkın değildi
Pero en menos de dos meses se hizo más fuerte.
ama iki aydan kısa bir sürede daha da güçlendi
Y ella estaba más sana que nunca.
ve her zamankinden daha sağlıklıydı
Después de haber hecho su trabajo, leyó
işini bitirdikten sonra okudu
Ella tocaba el clavicémbalo
klavsen çaldı
o cantaba mientras hilaba seda
veya ipek eğirirken şarkı söyledi
Por el contrario, sus dos hermanas no sabían cómo pasar el tiempo.
tam tersine, iki kız kardeşi zamanlarını nasıl geçireceklerini bilmiyorlardı
Se levantaron a las diez y no hicieron nada más que holgazanear todo el día.
saat onda kalktılar ve bütün gün tembellik etmekten başka bir şey yapmadılar
Lamentaron la pérdida de sus hermosas ropas.
güzel giysilerini kaybettikleri için ağıt yaktılar
y se quejaron de perder a sus conocidos
ve tanıdıklarını kaybettiklerinden şikayet ettiler
"Mirad a nuestra hermana menor", se dijeron.
"En küçük kız kardeşimize bir bakın" dediler birbirlerine
"¡Qué criatura tan pobre y estúpida es!"
"Ne kadar zavallı ve aptal bir yaratık o"
"Es mezquino contentarse con tan poco"
"Bu kadar az şeyle yetinmek ayıptır"
El amable comerciante tenía una opinión muy diferente.
nazik tüccar oldukça farklı bir görüşe sahipti
Él sabía muy bien que Bella eclipsaba a sus hermanas.

güzelliğin kız kardeşlerini gölgede bıraktığını çok iyi biliyordu
Ella los eclipsó tanto en carácter como en mente.
hem karakter hem de zihin olarak onlardan daha iyiydi
Él admiraba su humildad y su arduo trabajo.
onun alçakgönüllülüğüne ve çalışkanlığına hayrandı
Pero sobre todo admiraba su paciencia.
ama en çok da onun sabrına hayrandı
Sus hermanas le dejaron todo el trabajo por hacer.
kız kardeşleri ona yapması gereken tüm işleri bıraktı
y la insultaban a cada momento
ve her an ona hakaret ettiler
La familia había vivido así durante aproximadamente un año.
Aile yaklaşık bir yıldır bu şekilde yaşıyordu
Entonces el comerciante recibió una carta de un contable.
sonra tüccar bir muhasebeciden bir mektup aldı
Tenía una inversión en un barco.
bir gemiye yatırımı vardı
y el barco había llegado sano y salvo
ve gemi güvenli bir şekilde ulaştı
Esta noticia hizo que las dos hijas mayores se volvieran locas.
Bu haber iki büyük kızın başını döndürdü
Inmediatamente tuvieron esperanzas de regresar a la ciudad.
hemen şehre dönmeyi umut ettiler
Porque estaban bastante cansados de la vida en el campo.
çünkü kırsal yaşamdan oldukça yorgundular
Fueron a ver a su padre cuando él se iba.
babaları ayrılırken yanına gittiler
Le rogaron que les comprara ropa nueva
ondan kendilerine yeni kıyafetler almasını rica ettiler
Vestidos, cintas y todo tipo de cositas.
elbiseler, kurdeleler ve her türlü küçük şeyler

Pero Bella no pedía nada.
ama güzellik hiçbir şey istemedi
Porque pensó que el dinero no sería suficiente.
çünkü paranın yeterli olmayacağını düşünüyordu
No habría suficiente para comprar todo lo que sus hermanas querían.
kız kardeşlerinin istediği her şeyi satın almaya yetecek kadar para olmayacaktı
- **¿Qué te gustaría, Bella? -preguntó su padre.**
"Ne istersin güzelim?" diye sordu babası.
"Gracias, padre, por la bondad de pensar en mí", dijo.
"Teşekkür ederim baba, beni düşündüğün için" dedi
"Padre, ten la amabilidad de traerme una rosa"
"Baba, lütfen bana bir gül getir"
"Porque aquí en el jardín no crecen rosas"
"çünkü burada bahçede gül yetişmiyor"
"y las rosas son una especie de rareza"
"ve güller bir tür nadirliktir"
A Bella realmente no le importaban las rosas
güzellik gülleri pek umursamadı
Ella solo pidió algo para no condenar a sus hermanas.
o sadece kız kardeşlerini kınamak için değil bir şey istedi
Pero sus hermanas pensaron que ella pidió rosas por otros motivos.
ama kız kardeşleri onun gülleri başka sebeplerden dolayı istediğini düşündüler
"Lo hizo sólo para parecer especial"
"sadece özel görünmek için yaptı"
El hombre amable continuó su viaje.
İyi adam yolculuğuna devam etti
pero cuando llego discutieron sobre la mercancia
ama o geldiğinde mallar hakkında tartıştılar
Y después de muchos problemas volvió tan pobre como antes.
ve bir sürü sıkıntıdan sonra eskisi kadar fakir bir şekilde

geri döndü
Estaba a un par de horas de su propia casa.
kendi evine birkaç saat uzaklıktaydı
y ya imaginaba la alegría de ver a sus hijos
ve çocuklarını görmenin sevincini çoktan hayal etmişti
pero al pasar por el bosque se perdió
ama ormandan geçerken kayboldu
Llovió y nevó terriblemente
korkunç yağmur ve kar yağdı
El viento era tan fuerte que lo arrojó del caballo.
rüzgar o kadar kuvvetliydi ki onu atından düşürdü
Y la noche se acercaba rápidamente
ve gece hızla yaklaşıyordu
Empezó a pensar que podría morir de hambre.
Açlıktan ölebileceğini düşünmeye başladı
y pensó que podría morir congelado
ve donarak ölebileceğini düşündü
y pensó que los lobos podrían comérselo
ve kurtların onu yiyebileceğini düşündü
Los lobos que oía aullar a su alrededor
etrafında uluyan kurtları duydu
Pero de repente vio una luz.
ama aniden bir ışık gördü
Vio la luz a lo lejos entre los árboles.
ağaçların arasından uzaktan ışığı gördü
Cuando se acercó vio que la luz era un palacio.
Yaklaştığında ışığın bir saray olduğunu gördü
El palacio estaba iluminado de arriba a abajo.
saray tepeden tırnağa aydınlatılmıştı
El comerciante agradeció a Dios por su suerte.
Tüccar şansı için Tanrı'ya şükretti
y se apresuró a ir al palacio
ve saraya doğru acele etti
Pero se sorprendió al no ver gente en el palacio.
ama sarayda hiç kimseyi göremeyince şaşırdı

El patio estaba completamente vacío.
avlu tamamen boştu
y no había señales de vida en ninguna parte
ve hiçbir yerde yaşam belirtisi yoktu
Su caballo lo siguió hasta el palacio.
atı onu saraya kadar takip etti
y luego su caballo encontró un gran establo
ve sonra atı büyük bir ahır buldu
El pobre animal estaba casi muerto de hambre.
zavallı hayvan neredeyse açlıktan ölüyordu
Entonces su caballo fue a buscar heno y avena.
böylece atı saman ve yulaf bulmak için içeri girdi
Afortunadamente encontró mucho para comer.
Neyse ki yiyecek bol miktarda buldu
y el mercader ató su caballo al pesebre
ve tüccar atını yemliğe bağladı
Caminando hacia la casa no vio a nadie.
yürürken kimseyi göremedi
Pero en un gran salón encontró un buen fuego.
ama büyük bir salonda iyi bir ateş buldu
y encontró una mesa puesta para uno
ve bir kişilik bir masa buldu
Estaba mojado por la lluvia y la nieve.
yağmurdan ve kardan ıslanmıştı
Entonces se acercó al fuego para secarse.
bu yüzden kendini kurutmak için ateşin yanına gitti
"Espero que el dueño de la casa me disculpe"
"Evin efendisinin beni mazur görmesini umuyorum"
"Supongo que no tardará mucho en aparecer alguien"
"Sanırım birinin ortaya çıkması uzun sürmeyecek"
Esperó un tiempo considerable
Uzun bir süre bekledi
Esperó hasta que dieron las once y todavía no venía nadie.
saat on bire kadar bekledi ve hala kimse gelmedi

Al final tenía tanta hambre que no podía esperar más.
sonunda o kadar acıktı ki artık bekleyemedi
Tomó un poco de pollo y se lo comió en dos bocados.
biraz tavuk aldı ve iki lokmada yedi
Estaba temblando mientras comía la comida.
yemeği yerken titriyordu
Después de esto bebió unas copas de vino.
bundan sonra birkaç kadeh şarap içti
Cada vez más valiente, salió del salón.
daha da cesaretlenerek salondan çıktı
y atravesó varios grandes salones
ve birkaç büyük salondan geçti
Caminó por el palacio hasta llegar a una cámara.
sarayın içinden geçerek bir odaya geldi
Una habitación que tenía una cama muy buena.
İçinde çok iyi bir yatak bulunan bir oda
Estaba muy fatigado por su terrible experiencia.
yaşadığı çileden dolayı çok yorgundu
Y ya era pasada la medianoche
ve zaman gece yarısını çoktan geçmişti
Entonces decidió que era mejor cerrar la puerta.
bu yüzden kapıyı kapatmanın en iyisi olduğuna karar verdi
y concluyó que debía irse a la cama
ve yatağa gitmesi gerektiği sonucuna vardı
Eran las diez de la mañana cuando el comerciante se despertó.
Tüccar uyandığında saat sabahın onuydu
Justo cuando iba a levantarse vio algo
Tam ayağa kalkacakken bir şey gördü
Se sorprendió al ver un conjunto de ropa limpia.
temiz bir elbise takımı görünce şaşkına döndü
En el lugar donde había dejado su ropa sucia.
Kirli giysilerini bıraktığı yerde
"Seguramente este palacio pertenece a algún tipo de

hada"
"Elbette bu saray bir periye ait"
" Un hada que me ha visto y se ha compadecido de mí"
" beni görüp acıyan bir peri"
Miró por una ventana
Bir pencereden baktı
Pero en lugar de nieve vio el jardín más delicioso.
ama kar yerine en güzel bahçeyi gördü
Y en el jardín estaban las rosas más hermosas.
ve bahçede en güzel güller vardı
Luego regresó al gran salón.
sonra büyük salona geri döndü
El salón donde había tomado sopa la noche anterior.
önceki gece çorba içtiği salon
y encontró un poco de chocolate en una mesita
ve küçük bir masanın üzerinde biraz çikolata buldu
"Gracias, buena señora hada", dijo en voz alta.
"Teşekkür ederim, iyi Peri Hanım," dedi yüksek sesle
"Gracias por ser tan cariñoso"
"bu kadar ilgili olduğunuz için teşekkür ederim"
"Le estoy sumamente agradecido por todos sus favores"
"Bütün iyilikleriniz için size çok minnettarım"
El hombre amable bebió su chocolate.
iyi adam çikolatasını içti
y luego fue a buscar su caballo
ve sonra atını aramaya gitti
Pero en el jardín recordó la petición de Bella.
ama bahçede güzelliğin isteğini hatırladı
y cortó una rama de rosas
ve bir gül dalını kesti
Inmediatamente oyó un gran ruido
hemen büyük bir gürültü duydu
y vio una bestia terriblemente espantosa
ve korkunç derecede korkunç bir canavar gördü
Estaba tan asustado que estaba a punto de desmayarse.

o kadar korkmuştu ki bayılmak üzereydi
-Eres muy desagradecido -le dijo la bestia.
"Sen çok nankörsün" dedi canavar ona
Y la bestia habló con voz terrible
ve canavar korkunç bir sesle konuştu
"Te he salvado la vida al permitirte entrar en mi castillo"
"Seni kaleme alarak hayatını kurtardım"
"¿Y a cambio me robas mis rosas?"
"ve bunun karşılığında güllerimi mi çalıyorsun?"
"Las rosas que valoro más que nada"
"Her şeyden çok değer verdiğim güller"
"Pero morirás por lo que has hecho"
"ama yaptığın şey yüzünden öleceksin"
"Sólo te doy un cuarto de hora para que te prepares"
"Size hazırlanmanız için sadece çeyrek saat veriyorum"
"Prepárate para la muerte y di tus oraciones"
"Ölüme hazırlanın ve dualarınızı edin"
El comerciante cayó de rodillas
tüccar dizlerinin üzerine çöktü
y alzó ambas manos
ve iki elini de kaldırdı
"Mi señor, le ruego que me perdone"
"Efendim, yalvarıyorum beni bağışlayın"
"No tuve intención de ofenderte"
"Seni gücendirmek gibi bir niyetim yoktu"
"Recogí una rosa para una de mis hijas"
"Kızlarımdan biri için bir gül topladım"
"Ella me pidió que le trajera una rosa"
"Bana bir gül getirmemi istedi"
-No soy tu señor, pero soy una bestia -respondió el monstruo.
"Ben sizin efendiniz değilim, ama bir canavarım" diye cevapladı canavar
"No me gustan los cumplidos"
"İltifatları sevmiyorum"

"Me gusta la gente que habla como piensa"
"Düşündüğü gibi konuşan insanları severim"
"No creas que me puedo conmover con halagos"
"Dalkavuklukla etkilenebileceğimi sanmıyorum"
"Pero dices que tienes hijas"
"Ama kızların olduğunu söylüyorsun"
"Te perdonaré con una condición"
"Seni bir şartla affederim"
"Una de tus hijas debe venir voluntariamente a mi palacio"
"Kızlarınızdan biri gönüllü olarak sarayıma gelmeli"
"y ella debe sufrir por ti"
"ve o senin için acı çekmeli"
"Déjame tener tu palabra"
"Sözünüzü bana verin"
"Y luego podrás continuar con tus asuntos"
"ve sonra işinize devam edebilirsiniz"
"Prométeme esto:"
"Bana şunu vaat et:"
"Si tu hija se niega a morir por ti, deberás regresar dentro de tres meses"
"Kızınız sizin için ölmeyi reddederse, üç ay içinde geri dönmelisiniz"
El comerciante no tenía intenciones de sacrificar a sus hijas.
tüccarın kızlarını kurban etme niyeti yoktu
Pero, como le habían dado tiempo, quiso volver a ver a sus hijas.
ama kendisine zaman tanındığı için kızlarını bir kez daha görmek istiyordu
Así que prometió que volvería.
bu yüzden geri döneceğine söz verdi
Y la bestia le dijo que podía partir cuando quisiera.
ve canavar ona istediği zaman yola çıkabileceğini söyledi
y la bestia le dijo una cosa más

ve canavar ona bir şey daha söyledi
"No te irás con las manos vacías"
"Boş elle ayrılmayacaksın"
"Vuelve a la habitación donde yacías"
"yattığın odaya geri dön"
"Verás un gran cofre del tesoro vacío"
"Büyük, boş bir hazine sandığı göreceksin"
"Llena el cofre del tesoro con lo que más te guste"
"hazine sandığını en çok sevdiğin şeylerle doldur"
"y enviaré el cofre del tesoro a tu casa"
"ve hazine sandığını evine göndereceğim"
Y al mismo tiempo la bestia se retiró.
ve aynı zamanda canavar geri çekildi
"Bueno", se dijo el buen hombre.
"Peki," dedi iyi adam kendi kendine
"Si tengo que morir, al menos dejaré algo a mis hijos"
"Eğer ölmem gerekirse, en azından çocuklarıma bir şeyler bırakacağım"
Así que regresó al dormitorio.
böylece yatak odasına geri döndü
y encontró una gran cantidad de piezas de oro
ve çok sayıda altın parçası buldu
Llenó el cofre del tesoro que la bestia había mencionado.
canavarın bahsettiği hazine sandığını doldurdu
y sacó su caballo del establo
ve atını ahırdan çıkardı
La alegría que sintió al entrar al palacio ahora era igual al dolor que sintió al salir de él.
Saraya girerken hissettiği sevinç, ayrılırken hissettiği üzüntüye eşitti artık.
El caballo tomó uno de los caminos del bosque.
at ormanın yollarından birini seçti
Y en pocas horas el buen hombre estaba en casa.
ve birkaç saat içinde iyi adam evdeydi
Sus hijos vinieron a él

çocukları ona geldi
Pero en lugar de recibir sus abrazos con placer, los miró.
ama onların kucaklaşmalarını zevkle karşılamak yerine,
onlara baktı
Levantó la rama que tenía en sus manos.
elindeki dalı havaya kaldırdı
y luego estalló en lágrimas
ve sonra gözyaşlarına boğuldu
"Belleza", dijo, "por favor toma estas rosas".
"güzellik," dedi, "lütfen bu gülleri al"
"No puedes saber lo costosas que han sido estas rosas"
"bu güllerin ne kadar pahalı olduğunu bilemezsin"
"Estas rosas le han costado la vida a tu padre"
"bu güller babanın hayatına mal oldu"
Y luego contó su fatal aventura.
ve sonra ölümcül macerasını anlattı
Inmediatamente las dos hermanas mayores gritaron.
hemen iki büyük kız kardeş bağırdı
y le dijeron muchas cosas malas a su hermosa hermana
ve güzel kız kardeşlerine birçok kötü şey söylediler
Pero Bella no lloró en absoluto.
ama güzellik hiç ağlamadı
"Mirad el orgullo de ese pequeño desgraciado", dijeron.
"Şu küçük alçağın gururuna bak," dediler.
"ella no pidió ropa fina"
"güzel giysiler istemedi"
"Ella debería haber hecho lo que hicimos"
"bizim yaptığımızı o da yapmalıydı"
"ella quería distinguirse"
"kendini farklılaştırmak istedi"
"Así que ahora ella será la muerte de nuestro padre"
"şimdi o bizim babamızın ölümü olacak"
"Y aún así no derrama ni una lágrima"
"ve yine de gözyaşı dökmüyor"
"¿Por qué debería llorar?" respondió Bella

"Neden ağlayayım?" diye cevapladı güzellik
"Llorar sería muy innecesario"
"ağlamak çok gereksiz olurdu"
"mi padre no sufrirá por mí"
"babam benim için acı çekmeyecek"
"El monstruo aceptará a una de sus hijas"
"canavar kızlarından birini kabul edecek"
"Me ofreceré a toda su furia"
"Kendimi onun bütün öfkesine sunacağım"
"Estoy muy feliz, porque mi muerte salvará la vida de mi padre"
"Çok mutluyum, çünkü benim ölümüm babamın hayatını kurtaracak"
"mi muerte será una prueba de mi amor"
"Ölümüm aşkımın kanıtı olacak"
-No, hermana -dijeron sus tres hermanos.
"Hayır, kız kardeşim," dedi üç erkek kardeşi
"Eso no será"
"bu olmayacak"
"Iremos a buscar al monstruo"
"canavarı bulmaya gideceğiz"
"y o lo matamos..."
"ya da onu öldüreceğiz..."
"...o pereceremos en el intento"
"...ya da bu girişimde yok olacağız"
"No imaginéis tal cosa, hijos míos", dijo el mercader.
"Böyle bir şeyi hayal etmeyin oğullarım," dedi tüccar
"El poder de la bestia es tan grande que no tengo esperanzas de que puedas vencerlo"
"Canavarın gücü o kadar büyük ki onu yenebileceğine dair hiçbir umudum yok"
"Estoy encantado con la amable y generosa oferta de Bella"
"Güzelliğin nazik ve cömert teklifi beni büyüledi"
"pero no puedo aceptar su generosidad"

"ama onun cömertliğini kabul edemem"
"Soy viejo y no me queda mucho tiempo de vida"
"Yaşlıyım ve yaşayacak uzun zamanım yok"
"Así que sólo puedo perder unos pocos años"
"bu yüzden sadece birkaç yıl kaybedebilirim"
"Tiempo que lamento por vosotros, mis queridos hijos"
"Sizin için üzüldüğüm bir zaman, sevgili çocuklarım"
"Pero padre", dijo Bella
"Ama baba," dedi güzellik
"No irás al palacio sin mí"
"Ben olmadan saraya gidemezsin"
"No puedes impedir que te siga"
"beni takip etmekten alıkoyamazsın"
Nada podría convencer a Bella de lo contrario.
güzelliği başka türlü ikna edebilecek hiçbir şey yoktu
Ella insistió en ir al bello palacio.
o güzel saraya gitmekte ısrar etti
y sus hermanas estaban encantadas con su insistencia
ve kız kardeşleri onun ısrarından çok memnundu
El comerciante estaba preocupado ante la idea de perder a su hija.
Tüccar kızını kaybetme düşüncesiyle endişeleniyordu
Estaba tan preocupado que se había olvidado del cofre lleno de oro.
O kadar endişeliydi ki altın dolu sandığı unutmuştu
Por la noche se retiró a descansar y cerró la puerta de su habitación.
gece dinlenmek için odasına çekildi ve odasının kapısını kapattı
Entonces, para su gran asombro, encontró el tesoro junto a su cama.
sonra, büyük bir şaşkınlıkla, hazineyi yatağının yanında buldu
Estaba decidido a no contárselo a sus hijos.
çocuklarına söylememeye kararlıydı

Si lo supieran, hubieran querido regresar al pueblo.
eğer bilselerdi, şehre geri dönmek isterlerdi
y estaba decidido a no abandonar el campo
ve kırsaldan ayrılmamaya kararlıydı
Pero él confió a Bella el secreto.
ama sırrı güzelliğe emanet etti
Ella le informó que dos caballeros habían llegado.
ona iki beyefendinin geldiğini bildirdi
y le hicieron propuestas a sus hermanas
ve kız kardeşlerine tekliflerde bulundular
Ella le rogó a su padre que consintiera su matrimonio.
babasından evlenmelerine izin vermesini rica etti
y ella le pidió que les diera algo de su fortuna
ve ondan servetinin bir kısmını onlara vermesini istedi
Ella ya los había perdonado.
onları çoktan affetmişti
Las malvadas criaturas se frotaron los ojos con cebollas.
Kötü yaratıklar gözlerini soğanla ovuşturdular
Para forzar algunas lágrimas cuando se separaron de su hermana.
kız kardeşlerinden ayrılırken biraz gözyaşı dökmek için
Pero sus hermanos realmente estaban preocupados.
ama kardeşleri gerçekten endişeliydi
Bella fue la única que no derramó ninguna lágrima.
tek gözyaşı dökmeyen güzellikti
Ella no quería aumentar su malestar.
onların huzursuzluğunu artırmak istemedi
El caballo tomó el camino directo al palacio.
at saraya giden direkt yolu seçti
y hacia la tarde vieron el palacio iluminado
ve akşama doğru aydınlatılmış sarayı gördüler
El caballo volvió a entrar solo en el establo.
at tekrar ahıra girdi
Y el buen hombre y su hija entraron en el gran salón.
ve iyi adam ve kızı büyük salona girdiler

Aquí encontraron una mesa espléndidamente servida.
Burada muhteşem bir şekilde servis edilmiş bir masa buldular
El comerciante no tenía apetito para comer
Tüccarın yemek yeme iştahı yoktu
Pero Bella se esforzó por parecer alegre.
ama güzellik neşeli görünmeye çalıştı
Ella se sentó a la mesa y ayudó a su padre.
masaya oturdu ve babasına yardım etti
Pero también pensó para sí misma:
ama aynı zamanda kendi kendine şöyle de düşündü:
"La bestia seguramente quiere engordarme antes de comerme"
"Canavar beni yemeden önce kesinlikle beni şişmanlatmak istiyor"
"Por eso ofrece tanto entretenimiento"
"bu yüzden bu kadar bol eğlence sunuyor"
Después de haber comido oyeron un gran ruido.
Yemek yedikten sonra büyük bir gürültü duydular
Y el comerciante se despidió de su desdichado hijo con lágrimas en los ojos.
ve tüccar talihsiz çocuğuna gözlerinde yaşlarla veda etti
Porque sabía que la bestia venía
çünkü canavarın geleceğini biliyordu
Bella estaba aterrorizada por su horrible forma.
güzellik onun korkunç biçiminden dehşete kapılmıştı
Pero ella tomó coraje lo mejor que pudo.
ama elinden geldiğince cesaretini topladı
Y el monstruo le preguntó si venía voluntariamente.
ve canavar ona gönüllü olarak gelip gelmediğini sordu
-Sí, he venido voluntariamente -dijo temblando.
"Evet, isteyerek geldim," dedi titreyerek
La bestia respondió: "Eres muy bueno"
canavar cevap verdi, "Sen çok iyisin"
"Y te lo agradezco mucho, hombre honesto"

"ve sana çok minnettarım; dürüst adam"
"Continuad vuestro camino mañana por la mañana"
"yarın sabah yollarınıza gidin"
"Pero nunca pienses en venir aquí otra vez"
"ama bir daha buraya gelmeyi asla düşünme"
"Adiós bella, adiós bestia", respondió.
"Elveda güzellik, elveda canavar" diye cevapladı
Y de inmediato el monstruo se retiró.
ve canavar hemen geri çekildi
"Oh, hija", dijo el comerciante.
"Ah kızım," dedi tüccar
y abrazó a su hija una vez más
ve kızını bir kez daha kucakladı
"Estoy casi muerto de miedo"
"Neredeyse ölümden korkuyorum"
"Créeme, será mejor que regreses"
"İnanın bana, geri dönmeniz daha iyi olur"
"déjame quedarme aquí, en tu lugar"
"Ben burada kalayım, senin yerine"
—No, padre —dijo Bella con tono decidido.
"Hayır, baba," dedi güzellik kararlı bir tonda
"Partirás mañana por la mañana"
"yarın sabah yola çıkacaksın"
"déjame al cuidado y protección de la providencia"
"Beni ilahi takdirin bakımına ve korumasına bırak"
Aún así se fueron a la cama
yine de yatağa gittiler
Pensaron que no cerrarían los ojos en toda la noche.
bütün gece gözlerini kapatmayacaklarını sandılar
pero justo cuando se acostaron se durmieron
ama tam yattıkları anda uyudular
Bella soñó que una bella dama se acercó y le dijo:
Güzel rüya gören güzel bir kadın yanına geldi ve şöyle dedi:
"Estoy contento, bella, con tu buena voluntad"

"Ben senin iyi niyetinle mutluyum, güzellik"
"Esta buena acción tuya no quedará sin recompensa"
"Bu iyi eylemin karşılıksız kalmayacak"
Bella se despertó y le contó a su padre su sueño.
güzel uyandı ve babasına rüyasını anlattı
El sueño ayudó a consolarlo un poco.
rüya onu biraz rahatlatmaya yardımcı oldu
Pero no pudo evitar llorar amargamente mientras se marchaba.
ama ayrılırken acı bir şekilde ağlamaktan kendini alamadı
Tan pronto como se fue, Bella se sentó en el gran salón y lloró también.
O gittikten hemen sonra, güzellik büyük salona oturdu ve o da ağladı
Pero ella decidió no sentirse inquieta.
ama huzursuz olmamaya karar verdi
Ella decidió ser fuerte por el poco tiempo que le quedaba de vida.
Yaşamak için kalan az zamanı boyunca güçlü olmaya karar verdi
Porque creía firmemente que la bestia la comería.
çünkü canavarın onu yiyeceğine kesinlikle inanıyordu
Sin embargo, pensó que también podría explorar el palacio.
ancak sarayı keşfetmenin iyi olacağını düşündü
y ella quería ver el hermoso castillo
ve o güzel şatoyu görmek istiyordu
Un castillo que no pudo evitar admirar.
hayran olmaktan kendini alamadığı bir şato
Era un palacio deliciosamente agradable.
çok hoş ve keyifli bir saraydı
y ella se sorprendió muchísimo al ver una puerta
ve bir kapı görünce çok şaşırdı
Y sobre la puerta estaba escrito que era su habitación.
ve kapının üzerinde onun odası olduğu yazıyordu

Ella abrió la puerta apresuradamente
aceleyle kapıyı açtı
y ella quedó completamente deslumbrada con la magnificencia de la habitación.
ve odanın ihtişamı karşısında adeta büyülenmişti
Lo que más le llamó la atención fue una gran biblioteca.
dikkatini çeken şey büyük bir kütüphaneydi
Un clavicémbalo y varios libros de música.
bir klavsen ve birkaç müzik kitabı
"Bueno", se dijo a sí misma.
"Peki," dedi kendi kendine
"Veo que la bestia no dejará que mi tiempo cuelgue pesadamente"
"Canavarın zamanımın ağırlaşmasına izin vermeyeceğini görüyorum"
Entonces reflexionó sobre su situación.
sonra kendi durumunu düşündü
"Si me hubiera quedado un día, todo esto no estaría aquí"
"Eğer bir gün kalmam gerekseydi bunların hiçbiri burada olmazdı"
Esta consideración le inspiró nuevo coraje.
bu düşünce ona taze bir cesaret verdi
y tomó un libro de su nueva biblioteca
ve yeni kütüphanesinden bir kitap aldı
y leyó estas palabras en letras doradas:
ve şu sözleri altın harflerle okudu:
"Bienvenida Bella, destierra el miedo"
"Güzelliği hoş karşıla, korkuyu kov"
"Eres reina y señora aquí"
"Sen buranın kraliçesi ve hanımısın"
"Di tus deseos, di tu voluntad"
"İsteklerinizi söyleyin, iradenizi söyleyin"
"Aquí la obediencia rápida cumple tus deseos"
"Burada hızlı itaat isteklerinizi karşılar"
"¡Ay!", dijo ella con un suspiro.

"Ah," dedi iç çekerek
"Lo que más deseo es ver a mi pobre padre"
"En çok zavallı babamı görmek istiyorum"
"y me gustaría saber qué está haciendo"
"ve ne yaptığını bilmek isterim"
Tan pronto como dijo esto se dio cuenta del espejo.
Bunu söyler söylemez aynayı fark etti
Para su gran asombro, vio su propia casa en el espejo.
büyük bir şaşkınlıkla aynada kendi evini gördü
Su padre llegó emocionalmente agotado.
babası duygusal olarak bitkin bir halde geldi
Sus hermanas fueron a recibirlo
kız kardeşleri onunla buluşmaya gittiler
A pesar de sus intentos de parecer tristes, su alegría era visible.
üzgün görünmeye çalışmalarına rağmen sevinçleri gözle görülür şekildeydi
Un momento después todo desapareció
bir an sonra her şey kayboldu
Y las aprensiones de Bella también desaparecieron.
ve güzelliğin endişeleri de ortadan kayboldu
porque sabía que podía confiar en la bestia
çünkü canavara güvenebileceğini biliyordu
Al mediodía encontró la cena lista.
Öğle vakti akşam yemeğini hazır buldu
Ella se sentó a la mesa
o masaya oturdu
y se entretuvo con un concierto de música
ve bir müzik konseriyle eğlendirildi
Aunque no podía ver a nadie
kimseyi görememesine rağmen
Por la noche se sentó a cenar otra vez
gece tekrar akşam yemeğine oturdu
Esta vez escuchó el ruido que hizo la bestia.
bu sefer canavarın çıkardığı sesi duydu

y ella no pudo evitar estar aterrorizada
ve dehşete kapılmadan edemedi
"belleza", dijo el monstruo
"güzellik" dedi canavar
"¿Me permites comer contigo?"
"Benimle birlikte yemek yememe izin verir misin?"
"Haz lo que quieras", respondió Bella temblando.
"İstediğini yap," diye cevapladı güzellik titreyerek
"No", respondió la bestia.
"Hayır," diye cevapladı canavar
"Sólo tú eres la señora aquí"
"burada tek hanım sensin"
"Puedes despedirme si soy problemático"
"Eğer sorun çıkarırsam beni gönderebilirsin"
"Despídeme y me retiraré inmediatamente"
"beni gönderin, hemen geri çekileyim"
-Pero dime, ¿no te parece que soy muy fea?
"Ama söyle bana; sence ben çok çirkin değil miyim?"
"Eso es verdad", dijo Bella.
"Bu doğru" dedi güzellik
"No puedo decir una mentira"
"Yalan söyleyemem"
"Pero creo que tienes muy buen carácter"
"ama senin çok iyi huylu olduğuna inanıyorum"
"Sí, lo soy", dijo el monstruo.
"Evet öyleyim" dedi canavar
"Pero aparte de mi fealdad, tampoco tengo sentido"
"Ama çirkinliğimin yanı sıra, aklım da yok"
"Sé muy bien que soy una criatura tonta"
"Ben aptal bir yaratık olduğumu çok iyi biliyorum"
—No es ninguna locura pensar así —replicó Bella.
"Böyle düşünmek aptallık belirtisi değil," diye cevapladı güzellik
"Come entonces, bella", dijo el monstruo.
"Öyleyse ye, güzellik," dedi canavar

"Intenta divertirte en tu palacio"
"Sarayında eğlenmeye çalış"
"Todo aquí es tuyo"
"buradaki her şey senin"
"Y me sentiría muy incómodo si no fueras feliz"
"ve eğer sen mutlu olmasaydın ben çok rahatsız olurdum"
-Eres muy servicial -respondió Bella.
"Çok naziksiniz," diye cevapladı güzellik
"Admito que estoy complacido con su amabilidad"
"İtiraf ediyorum ki nezaketinizden memnun kaldım"
"Y cuando considero tu bondad, apenas noto tus deformidades"
"ve nezaketinizi düşündüğümde, çirkinliklerinizi neredeyse fark etmiyorum"
"Sí, sí", dijo la bestia, "mi corazón es bueno".
"Evet, evet," dedi canavar, "kalbim iyi
"Pero aunque soy bueno, sigo siendo un monstruo"
"ama iyi olsam da hala bir canavarım"
"Hay muchos hombres que merecen ese nombre más que tú"
"Senden daha çok bu ismi hak eden birçok adam var"
"Y te prefiero tal como eres"
"ve ben seni olduğun gibi tercih ediyorum"
"y te prefiero más que a aquellos que esconden un corazón ingrato"
"Ve ben seni nankör bir kalbi gizleyenlerden daha çok tercih ederim"
"Si tuviera algo de sentido común", respondió la bestia.
"Keşke biraz aklım olsaydı," diye cevapladı canavar
"Si tuviera sentido común, te haría un buen cumplido para agradecerte"
"Aklım olsaydı sana teşekkür etmek için güzel bir iltifat yapardım"
"Pero soy tan aburrida"
"ama ben çok sıkıcıyım"

"Sólo puedo decir que le estoy muy agradecido"
"Sadece size çok minnettar olduğumu söyleyebilirim"
Bella comió una cena abundante
güzellik doyurucu bir akşam yemeği yedi
y ella casi había superado su miedo al monstruo
ve canavar korkusunu neredeyse yenmişti
Pero ella quería desmayarse cuando la bestia le hizo la siguiente pregunta.
ama canavar ona bir sonraki soruyu sorduğunda bayılmak istedi
"Belleza, ¿quieres ser mi esposa?"
"güzelim, karım olur musun?"
Ella tardó un tiempo antes de poder responder.
cevap verebilmesi için biraz zaman geçmesi gerekti
Porque tenía miedo de hacerlo enojar
çünkü onu kızdırmaktan korkuyordu
Al final, sin embargo, dijo: "No, bestia".
en sonunda, "hayır, canavar" dedi
Inmediatamente el pobre monstruo silbó muy espantosamente.
zavallı canavar hemen çok korkunç bir şekilde tısladı
y todo el palacio hizo eco
ve tüm saray yankılandı
Pero Bella pronto se recuperó de su susto.
ama güzellik kısa sürede korkusundan kurtuldu
porque la bestia volvió a hablar con voz triste
çünkü canavar yine hüzünlü bir sesle konuştu
"Entonces adiós, belleza"
"o zaman elveda güzellik"
y sólo se volvía de vez en cuando
ve o sadece arada sırada geri döndü
mirarla mientras salía
dışarı çıkarken ona bakmak
Ahora Bella estaba sola otra vez
şimdi güzellik yine yalnızdı

Ella sintió mucha compasión
çok büyük bir şefkat hissetti
"Ay, es una lástima"
"Ah, bin yazık"
"algo tan bueno no debería ser tan feo"
"Bu kadar iyi huylu bir şey bu kadar çirkin olmamalı"
Bella pasó tres meses muy contenta en palacio.
güzel sarayda üç ay çok mutlu bir şekilde geçirdi
Todas las noches la bestia le hacía una visita.
her akşam canavar onu ziyarete geliyordu
y hablaron durante la cena
ve akşam yemeğinde konuştular
Hablaban con sentido común
sağduyuyla konuştular
Pero no hablaban con lo que la gente llama ingenio.
ama insanların nüktedanlık dediği şeyle konuşmadılar
Bella siempre descubre algún carácter valioso en la bestia.
güzellik her zaman canavarda değerli bir karakter keşfetti
y ella se había acostumbrado a su deformidad
ve onun deformitesine alışmıştı
Ella ya no temía el momento de su visita.
artık onun ziyaretinin zamanından korkmuyordu
Ahora a menudo miraba su reloj.
artık sık sık saatine bakıyordu
y ella no podía esperar a que fueran las nueve en punto
ve saatin dokuz olmasını sabırsızlıkla bekliyordu
Porque la bestia nunca dejaba de venir a esa hora
çünkü canavar o saatte gelmeyi asla ihmal etmezdi
Sólo había una cosa que preocupaba a Bella.
güzellikle ilgili tek bir şey vardı
Todas las noches antes de irse a dormir la bestia le hacía la misma pregunta.
her gece yatmadan önce canavar ona aynı soruyu soruyordu
El monstruo le preguntó si sería su esposa.

canavar ona karısı olup olmayacağını sordu
Un día ella le dijo: "bestia, me pones muy nerviosa"
bir gün ona "canavar, beni çok huzursuz ediyorsun" dedi
"Me gustaría poder consentir en casarme contigo"
"Keşke seninle evlenmeyi kabul edebilseydim"
"Pero soy demasiado sincero para hacerte creer que me casaría contigo"
"ama seni evleneceğime inandıracak kadar samimi değilim"
"nuestro matrimonio nunca se realizará"
"evliliğimiz asla gerçekleşmeyecek"
"Siempre te veré como un amigo"
"Seni her zaman bir arkadaş olarak göreceğim"
"Por favor, trate de estar satisfecho con esto"
"lütfen bununla yetinmeye çalışın"
"Debo estar satisfecho con esto", dijo la bestia.
"Bundan memnun olmalıyım" dedi canavar
"Conozco mi propia desgracia"
"Kendi talihsizliğimi biliyorum"
"pero te amo con el más tierno cariño"
şefkatli sevgiyle seviyorum "
"Sin embargo, debo considerarme feliz"
"Ancak kendimi mutlu saymalıyım"
"Y me alegraría que te quedaras aquí"
"ve burada kalacağın için mutlu olmalıyım"
"Prométeme que nunca me dejarás"
"beni asla terk etmeyeceğine söz ver"
Bella se sonrojó ante estas palabras.
güzellik bu sözlere kızardı
Un día Bella se estaba mirando en el espejo.
bir gün güzel aynaya bakıyordu
Su padre se había preocupado muchísimo por ella.
babası onun için çok endişelenmişti
Ella anhelaba verlo de nuevo más que nunca.
onu her zamankinden daha çok tekrar görmeyi özlemişti
"Podría prometerte que nunca te abandonaré por

completo"
"Seni asla tamamen terk etmeyeceğime söz verebilirim"
"Pero tengo un deseo tan grande de ver a mi padre"
"ama babamı görmeyi çok istiyorum"
"Me molestaría muchísimo si dijeras que no"
"Hayır dersen inanılmaz derecede üzülürüm"
"Preferiría morir yo mismo", dijo el monstruo.
"Ben kendim ölmeyi tercih ederim" dedi canavar
"Prefiero morir antes que hacerte sentir incómodo"
"Seni huzursuz etmektense ölmeyi tercih ederim"
"Te enviaré con tu padre"
"Seni babana göndereceğim"
"permanecerás con él"
"Onunla kalacaksın"
"y esta desafortunada bestia morirá de pena en su lugar"
"ve bu talihsiz canavar bunun yerine kederle ölecek"
"No", dijo Bella, llorando.
"Hayır," dedi güzellik ağlayarak
"Te amo demasiado para ser la causa de tu muerte"
"Seni ölümüne sebep olacak kadar çok seviyorum"
"Te doy mi promesa de regresar en una semana"
"Sana bir hafta içinde döneceğime dair söz veriyorum"
"Me has demostrado que mis hermanas están casadas"
"Bana kızkardeşlerimin evli olduğunu gösterdin"
"y mis hermanos se han ido al ejército"
"ve kardeşlerim orduya gittiler"
"déjame quedarme una semana con mi padre, ya que está solo"
"Babam yalnız olduğu için bir hafta onunla kalmama izin ver"
"Estarás allí mañana por la mañana", dijo la bestia.
"Yarın sabah orada olacaksın" dedi canavar
"pero recuerda tu promesa"
"ama sözünü hatırla"
"Solo tienes que dejar tu anillo sobre una mesa antes de

irte a dormir"
"Yatmadan önce yüzüğünüzü masanın üzerine koymanız yeterli"
"Y luego serás traído de regreso antes de la mañana"
"ve sonra sabah olmadan geri getirileceksiniz"
"Adiós querida belleza", suspiró la bestia.
"Elveda sevgili güzellik," diye iç çekti canavar
Bella se fue a la cama muy triste esa noche.
güzellik o gece çok üzgün bir şekilde yatağa girdi
Porque no quería ver a la bestia tan preocupada.
çünkü canavarın bu kadar endişeli olmasını istemiyordu
A la mañana siguiente se encontró en la casa de su padre.
Ertesi sabah kendini babasının evinde buldu
Ella hizo sonar una campanita junto a su cama.
yatağının yanındaki küçük zili çaldı
y la criada dio un grito fuerte
ve hizmetçi yüksek sesle çığlık attı
y su padre corrió escaleras arriba
ve babası yukarı koştu
Él pensó que iba a morir de alegría.
sevinçten öleceğini sanıyordu
La sostuvo en sus brazos durante un cuarto de hora.
onu çeyrek saat boyunca kollarında tuttu
Finalmente los primeros saludos terminaron.
sonunda ilk selamlaşmalar bitti
Bella empezó a pensar en levantarse de la cama.
güzellik yataktan çıkmayı düşünmeye başladı
pero se dio cuenta de que no había traído ropa
ama yanına hiç kıyafet almadığını fark etti
pero la criada le dijo que había encontrado una caja
ama hizmetçi ona bir kutu bulduğunu söyledi
El gran baúl estaba lleno de vestidos y batas.
büyük sandık elbiseler ve elbiselerle doluydu
Cada vestido estaba cubierto de oro y diamantes.
her elbise altın ve elmaslarla kaplıydı

Bella agradeció a la Bestia por su amable atención.
güzel, canavara nazik bakımı için teşekkür etti
y tomó uno de los vestidos más sencillos
ve en sade elbiselerden birini aldı
Ella tenía la intención de regalar los otros vestidos a sus hermanas.
diğer elbiseleri kız kardeşlerine vermeyi düşünüyordu
Pero ante ese pensamiento el arcón de ropa desapareció.
ama bu düşünceyle giysi sandığı kayboldu
La bestia había insistido en que la ropa era solo para ella.
canavar kıyafetlerin sadece kendisi için olduğunu iddia etmişti
Su padre le dijo que ese era el caso.
babası ona durumun böyle olduğunu söyledi
Y enseguida volvió el baúl de la ropa.
ve hemen giysi sandığı geri geldi
Bella se vistió con su ropa nueva
güzel yeni elbiselerini giydi
Y mientras tanto las doncellas fueron a buscar a sus hermanas.
ve bu arada hizmetçiler kız kardeşlerini bulmaya gittiler
Ambas hermanas estaban con sus maridos.
her iki kız kardeşi de kocalarıyla birlikteydi
Pero sus dos hermanas estaban muy infelices.
ama her iki kız kardeşi de çok mutsuzdu
Su hermana mayor se había casado con un caballero muy guapo.
en büyük kız kardeşi çok yakışıklı bir beyefendiyle evlenmişti
Pero estaba tan enamorado de sí mismo que descuidó a su esposa.
ama o kadar kendine düşkündü ki karısını ihmal ediyordu
Su segunda hermana se había casado con un hombre ingenioso.
ikinci kız kardeşi nüktedan bir adamla evlenmişti

Pero usó su ingenio para atormentar a la gente.
ama o, zekâsını insanlara eziyet etmek için kullandı
Y atormentaba a su esposa sobre todo.
ve karısına en çok eziyet eden oydu
Las hermanas de Bella la vieron vestida como una princesa
Güzelin kız kardeşleri onu bir prenses gibi giyinmiş halde gördüler
y se enfermaron de envidia
ve kıskançlıktan hasta oldular
Ahora estaba más bella que nunca
şimdi her zamankinden daha güzeldi
Su comportamiento cariñoso no pudo sofocar sus celos.
onun şefkatli davranışları onların kıskançlığını bastıramadı
Ella les contó lo feliz que estaba con la bestia.
onlara canavarla ne kadar mutlu olduğunu anlattı
y sus celos estaban a punto de estallar
ve kıskançlıkları patlamaya hazırdı
Bajaron al jardín a llorar su desgracia.
Başlarına gelen felaketi ağlamak için bahçeye indiler
"¿En qué sentido esta pequeña criatura es mejor que nosotros?"
"Bu küçük yaratık hangi bakımdan bizden daha iyi?"
"¿Por qué debería estar mucho más feliz?"
"Neden bu kadar mutlu olsun ki?"
"Hermana", dijo la hermana mayor.
"Kızkardeşim" dedi abla
"Un pensamiento acaba de golpear mi mente"
"aklıma bir düşünce geldi"
"Intentemos mantenerla aquí más de una semana"
"Onu bir haftadan fazla burada tutmaya çalışalım"
"Quizás esto enfurezca al tonto monstruo"
"belki bu aptal canavarı çileden çıkarır"
"porque ella hubiera faltado a su palabra"
"çünkü sözünü bozmuş olurdu"

"y entonces podría devorarla"
"ve sonra onu yiyebilir"
"Esa es una gran idea", respondió la otra hermana.
"Bu harika bir fikir," diye cevapladı diğer kız kardeş
"Debemos mostrarle la mayor amabilidad posible"
"Ona mümkün olduğunca çok nezaket göstermeliyiz"
Las hermanas tomaron esta resolución
kız kardeşler bunu kararlaştırdılar
y se comportaron con mucho cariño con su hermana
ve kız kardeşlerine karşı çok şefkatli davrandılar
La pobre belleza lloró de alegría por toda su bondad.
zavallı güzellik onların tüm nezaketinden dolayı sevinçten ağladı
Cuando la semana se cumplió, lloraron y se arrancaron el pelo.
hafta dolduğunda ağladılar ve saçlarını yoldular
Parecían muy apenados por separarse de ella.
ondan ayrılmak onları çok üzmüş gibi görünüyordu
y Bella prometió quedarse una semana más
ve güzellik bir hafta daha kalmaya söz verdi
Mientras tanto, Bella no pudo evitar reflexionar sobre sí misma.
Bu arada güzellik kendini düşünmekten kendini alamadı
Ella se preocupaba por lo que le estaba haciendo a la pobre bestia.
zavallı hayvana ne yaptığı konusunda endişeliydi
Ella sabía que lo amaba sinceramente.
onu içtenlikle sevdiğini biliyordu
Y ella realmente anhelaba verlo otra vez.
ve onu tekrar görmeyi gerçekten çok istiyordu
La décima noche también la pasó en casa de su padre.
babasının yanında geçirdiği onuncu gece de
Ella soñó que estaba en el jardín del palacio.
saray bahçesinde olduğunu hayal etti
y soñó que veía a la bestia extendida sobre la hierba

ve canavarın çimenlerin üzerinde uzandığını gördüğünü
hayal etti
Parecía reprocharle con voz moribunda
ölmek üzere olan bir sesle ona sitem ediyor gibiydi
y la acusó de ingratitud
ve onu nankörlükle suçladı
Bella se despertó de su sueño.
güzellik uykudan uyandı
y ella estalló en lágrimas
ve gözyaşlarına boğuldu
"**¿No soy muy malvado?**"
"Ben çok kötü değil miyim?"
"**¿No fue cruel de mi parte actuar tan cruelmente con la bestia?**"
"Canavara karşı bu kadar acımasız davranmam zalimlik değil miydi?"
"**La bestia hizo todo lo posible para complacerme**"
"canavar beni memnun etmek için her şeyi yaptı"
-**¿Es culpa suya que sea tan feo?**
"Bu kadar çirkin olması onun suçu mu?"
¿**Es culpa suya que tenga tan poco ingenio?**
"Bu kadar az zekaya sahip olması onun suçu mu?"
"**Él es amable y bueno, y eso es suficiente**"
"O nazik ve iyidir ve bu yeterlidir"
"**¿Por qué me negué a casarme con él?**"
"Onunla evlenmeyi neden reddettim?"
"**Debería estar feliz con el monstruo**"
"Canavardan memnun olmalıyım"
"**Mira los maridos de mis hermanas**"
"kız kardeşlerimin kocalarına bakın"
"**ni el ingenio ni la belleza los hacen buenos**"
"ne nüktedanlık, ne de yakışıklılık onları iyi yapmaz"
"**Ninguno de sus maridos las hace felices**"
"kocalarından hiçbiri onları mutlu etmiyor"
"**pero virtud, dulzura de carácter y paciencia**"

"ama erdem, tatlı huyluluk ve sabır"
"Estas cosas hacen feliz a una mujer"
"Bu şeyler bir kadını mutlu eder"
"y la bestia tiene todas estas valiosas cualidades"
"ve canavarın tüm bu değerli nitelikleri var"
"Es cierto; no siento la ternura del afecto por él"
"doğrudur; ona karşı şefkat ve sevgi hissetmiyorum"
"Pero encuentro que tengo la más alta gratitud por él"
"ama ona karşı en büyük minnettarlığımı hissediyorum"
"y tengo por él la más alta estima"
"ve ona en yüksek saygıyı duyuyorum"
"y él es mi mejor amigo"
"ve o benim en iyi arkadaşım"
"No lo haré miserable"
"Onu perişan etmeyeceğim"
"Si fuera tan desagradecido nunca me lo perdonaría"
"Eğer bu kadar nankör olsaydım kendimi asla affetmezdim"
Bella puso su anillo sobre la mesa.
güzellik yüzüğünü masanın üzerine koydu
y ella se fue a la cama otra vez
ve tekrar yatağa gitti
Apenas estaba en la cama cuando se quedó dormida.
yatağa girer girmez uykuya daldı
Ella se despertó de nuevo a la mañana siguiente.
Ertesi sabah tekrar uyandı
Y ella estaba muy contenta de encontrarse en el palacio de la bestia.
ve kendini canavarın sarayında bulduğunda çok sevindi
Ella se puso uno de sus vestidos más bonitos para complacerlo.
onu memnun etmek için en güzel elbiselerinden birini giydi
y ella esperó pacientemente la tarde
ve o sabırla akşamı bekledi

llegó la hora deseada
sonunda istenilen saat geldi
El reloj dio las nueve, pero ninguna bestia apareció
saat dokuzu vurdu, ama hiçbir canavar görünmedi
Bella entonces temió haber sido la causa de su muerte.
güzellik daha sonra onun ölümüne sebep olanın kendisi olduğundan korktu
Ella corrió llorando por todo el palacio.
sarayın her yerinde ağlayarak koştu
Después de haberlo buscado por todas partes, recordó su sueño.
onu her yerde aradıktan sonra rüyasını hatırladı
y ella corrió hacia el canal en el jardín
ve bahçedeki kanala doğru koştu
Allí encontró a la pobre bestia tendida.
orada zavallı hayvanı uzanmış halde buldu
y estaba segura de que lo había matado
ve onu öldürdüğünden emindi
Ella se arrojó sobre él sin ningún temor.
hiç korkmadan onun üzerine atıldı
Su corazón todavía latía
kalbi hala atıyordu
Ella fue a buscar un poco de agua al canal.
kanaldan biraz su aldı
y derramó el agua sobre su cabeza
ve suyu onun başına döktü
La bestia abrió los ojos y le habló a Bella.
canavar gözlerini açtı ve güzellikle konuştu
"Olvidaste tu promesa"
"Sözünü unuttun"
"Me rompió el corazón haberte perdido"
"Seni kaybettiğim için çok üzgünüm"
"Resolví morirme de hambre"
"Kendimi aç bırakmaya karar verdim"
"pero tengo la felicidad de verte una vez más"

"ama seni bir kez daha görmenin mutluluğunu yaşıyorum"
"Así tengo el placer de morir satisfecho"
"bu yüzden tatmin olmuş bir şekilde ölmenin zevkini yaşıyorum"
"No, querida bestia", dijo Bella, "no debes morir".
"Hayır, sevgili canavar," dedi güzellik, "ölmemelisin"
"Vive para ser mi marido"
"Kocam olmak için yaşa"
"Desde este momento te doy mi mano"
"bu andan itibaren sana elimi uzatıyorum"
"Y juro no ser nadie más que tuyo"
"ve yemin ederim ki senden başkası olmayacağım"
"¡Ay! Creí que sólo tenía una amistad para ti"
"Ah! Senin için sadece bir dostluk olduğunu sanıyordum"
"Pero el dolor que ahora siento me convence;"
"ama şimdi hissettiğim keder beni ikna ediyor;"
"No puedo vivir sin ti"
"Sensiz yaşayamam"
Bella apenas había dicho estas palabras cuando vio una luz.
güzellik nadir bu sözleri bir ışık gördüğünde söylemişti
El palacio brillaba con luz
saray ışıkla parlıyordu
Los fuegos artificiales iluminaron el cielo
havai fişekler gökyüzünü aydınlattı
y el aire se llenó de música
ve hava müzikle doldu
Todo daba aviso de algún gran acontecimiento
her şey büyük bir olayın habercisiydi
Pero nada podía captar su atención.
ama hiçbir şey onun dikkatini çekemedi
Ella se volvió hacia su querida bestia.
sevgili canavarına döndü
La bestia por la que ella temblaba de miedo
korkudan titrediği canavar

¡Pero su sorpresa fue grande por lo que vio!
ama gördüğü şey karşısında şaşkınlığı büyüktü!
La bestia había desaparecido
canavar kaybolmuştu
En cambio, vio al príncipe más encantador.
onun yerine en güzel prensi gördü
Ella había puesto fin al hechizo.
büyüyü bozmuştu
Un hechizo bajo el cual se parecía a una bestia.
bir canavara benzediği bir büyü
Este príncipe era digno de toda su atención.
bu prens onun tüm ilgisine layıktı
Pero no pudo evitar preguntar dónde estaba la bestia.
ama canavarın nerede olduğunu sormaktan kendini alamadı
"Lo ves a tus pies", dijo el príncipe.
"Onu ayaklarınızın dibinde görüyorsunuz," dedi prens
"Un hada malvada me había condenado"
"Kötü bir peri beni lanetlemişti"
"Debía permanecer en esa forma hasta que una hermosa princesa aceptara casarse conmigo"
"Güzel bir prenses benimle evlenmeyi kabul edene kadar bu formda kalacaktım"
"El hada ocultó mi entendimiento"
"peri anlayışımı sakladı"
"Fuiste el único lo suficientemente generoso como para quedar encantado con la bondad de mi temperamento"
"Sen benim iyi huyumdan etkilenecek kadar cömert olan tek kişiydin"
Bella quedó felizmente sorprendida
güzellik mutlu bir şekilde şaşırdı
Y le dio la mano al príncipe encantador.
ve büyüleyici prense elini uzattı
Entraron juntos al castillo
birlikte kaleye girdiler

Y Bella se alegró mucho al encontrar a su padre en el castillo.
ve güzel, babasını şatoda bulduğunda çok sevindi
y toda su familia estaba allí también
ve tüm ailesi de oradaydı
Incluso Bella dama que apareció en su sueño estaba allí.
Rüyasında gördüğü güzel kadın bile oradaydı
"Belleza", dijo la dama del sueño.
"güzellik" dedi rüyadaki kadın
"ven y recibe tu recompensa"
"gel ve ödülünü al"
"Has preferido la virtud al ingenio o la apariencia"
"Zekaya veya görünüşe göre erdemi tercih ettin"
"Y tú mereces a alguien en quien se unan estas cualidades"
"ve bu niteliklerin birleştiği birini hak ediyorsun"
"vas a ser una gran reina"
"harika bir kraliçe olacaksın"
"Espero que el trono no disminuya vuestra virtud"
"Umarım taht faziletinizi eksiltmez"
Entonces el hada se volvió hacia las dos hermanas.
sonra peri iki kız kardeşe döndü
"He visto dentro de vuestros corazones"
"Kalplerinizin içini gördüm"
"Y sé toda la malicia que contienen vuestros corazones"
"ve kalplerinizin içinde barındırdığı tüm kötülüğü biliyorum"
"Ustedes dos se convertirán en estatuas"
"İkiniz de heykel olacaksınız"
"pero mantendréis vuestras mentes"
"ama siz akıllarınızı koruyacaksınız"
"estarás a las puertas del palacio de tu hermana"
"Kız kardeşinin sarayının kapılarında duracaksın"
"La felicidad de tu hermana será tu castigo"
"Kardeşinin mutluluğu senin cezan olacak"

"No podréis volver a vuestros antiguos estados"
"eski hallerinize geri dönemeyeceksiniz"
"A menos que ambos admitan sus errores"
"eğer ikiniz de hatalarınızı kabul etmezseniz"
"Pero preveo que siempre permaneceréis como estatuas"
"ama sizin her zaman heykel olarak kalacağınızı öngörüyorum"
"El orgullo, la ira, la gula y la ociosidad a veces se vencen"
"gurur, öfke, oburluk ve tembellik bazen yenilir"
" pero la conversión de las mentes envidiosas y maliciosas son milagros"
" Fakat kıskanç ve kötü niyetli zihinlerin dönüşümü mucizedir"
Inmediatamente el hada dio un golpe con su varita.
peri hemen asasını salladı
Y en un momento todos los que estaban en el salón fueron transportados.
ve bir anda salondaki herkes taşındı
Habían entrado en los dominios del príncipe.
Prensin egemenliğine girmişlerdi
Los súbditos del príncipe lo recibieron con alegría.
Prensin tebaası onu sevinçle karşıladı
El sacerdote casó a Bella y la bestia
rahip güzel ve çirkinle evlendi
y vivió con ella muchos años
ve onunla uzun yıllar yaşadı
y su felicidad era completa
ve mutlulukları tamamlandı
porque su felicidad estaba fundada en la virtud
çünkü onların mutluluğu erdeme dayanıyordu

El fin
Son
www.tranzlaty.com

www.ingramcontent.com/pod-product-compliance
Lightning Source LLC
Chambersburg PA
CBHW011553070526
44585CB00023B/2582